꽃, 웅가

꽃, 응가
시산맥 서정시선 062

초판 1쇄 발행 | 2020년 5월 8일

지 은 이 | 이영식
펴 낸 이 | 문정영
펴 낸 곳 | 시산맥사
편집주간 | 이성렬
편집위원 | 강경희 안차애 오현정 정재분
등록번호 | 제300-2013-12호
등록일자 | 2009년 4월 15일
주　　소 | 03131 서울특별시 종로구 율곡로 6길 36,
　　　　　월드오피스텔 1102호
전　　화 | 02-764-8722, 010-8894-8722
전자우편 | poemmtss@hanmail.net
시산맥카페 | http://cafe.daum.net/poemmtss

ISBN 979-11-6243-107-8 03810

값 9,000원

* 이 책은 전부 또는 일부 내용을 재사용하려면 반드시 저작권자와 시산맥사의 동의를 받아야 합니다.
* 이 도서의 국립중앙도서관 출판시도서목록(CIP)은 서지정보유통지원시스템 홈페이지(http://seoji.nl.go.kr)와 국가자료공동목록시스템(http://www.nl.go.kr/kolisnet)에서 이용하실 수 있습니다. (CIP제어번호 : CIP2020015704)

꽃, 웅가

이영식 시집

* 본문 페이지에서 한 연이 첫 번째 행에서 시작될 때에는 〈 표기를 합니다.

시인의 말

이순을 넘긴 나이에 등단하여 나름

글 쓰는 재미에 푹 빠졌다

올해는 암을 5년 동안 투병했는데

완치 판정을 받아 덤으로 사는 행운에다가

부족한 글이지만 첫 시집도 내게 된

특별한 해가 되는 것 같다

어느 분의 시론에서 시는 머리로 쓰지 않고

가슴으로 써야 한다고 하던데

아직 가슴이 뜨겁지 않아 늘 목이 마르다

코로나로 요양병원에 문안을 못 드린 지

한 달이 넘어 불초한 자식으로

첫 시집을 93세 노모께 바치고 싶다

2020년 5월, 이영식

■ 차 례

1부

꽃, 응가 – 19

기억의 강 – 20

설 – 21

수의 – 22

관절 – 23

수의에는 호주머니가 없다 – 24

검버섯 – 26

엄마의 방 – 27

어머니 들으세요 – 28

어머니 – 30

벚꽃, 당신 – 31

가장 아픈 손가락 – 32

가을, 어머니 – 33

2부

장터 털보아저씨 — 37

비석마을 — 38

독거노인 — 39

양산댁 — 40

할머니와 붕어빵 — 41

노숙자 — 42

택배기사 — 44

오줌싸개 — 45

반지하 — 46

빛바랜 책 — 48

골목길 — 50

동서문 쪽방 208호 김 씨 — 52

3부

경마장에서 - 55

모래시계 - 56

짝사랑 - 57

두더지 - 58

초승달 - 59

우포늪 - 60

줄장미 - 62

봄비, 달콤한 - 63

벚꽃 - 64

빗자루 - 65

오월은 - 66

4부

거미 — 69

자벌레 — 70

도자기 — 71

개미 — 72

지네 — 73

겨울강 — 74

산수유 — 75

목련 — 76

3월의 화엄사 — 77

봄밤, 애상^{愛想} — 78

■ 해설 | 이령(시인) — 81

1부

꽃, 응가

음력 시월
어머니가 가마솥에 해콩을 삶는다
처마 밑 새끼줄에 매달린
메주덩어리 탐스럽다
방구석 메주 한 덩이 떨어져 있다
콩 한 알도 아까웠던 어머니 얼른 주워 드신다
'아뿔사, 내 새끼 응가구나'
메주 향 자욱한 입에서 그 구린내
건넛마을까지 퍼졌다

꽃, 응가를 먹었으니
일 년 농사 풍년이다

기억의 강

내 목소리 단박에 기억하실까
이름 석 자 불러주실까
얼굴 매만지며 보지 않고도 알아보실까

수유須臾 요양병원 건너 삼락공원
꽃, 눈송이 사이 얼핏
눈물 훔치시던 어머니

"세월은 눈에 넣어도 싫지 않더라, 꽃 피고 지듯 금방 이더라"며
 미소 지으시던

 찰나의 그 세월화歲月花

설

먼동 고갯마루 해보다
어머니 손이 더 분주했다

방앗간 가래떡의 역사도
사람과 같았다

헛나이 먹지 말고
새 마음 품으라고
흰 떡국 수북수북
담아내시던 어머니

식솔들의 얼굴이
떡가래처럼 쫄깃쫄깃
옹골차지는 동안
맨 마지막 숟가락만 뜨시던
어머니

 방앗간은 사라지고 서럽디 설운 어머니의 손맛만 기억을 달구는
 설 대목

수의

윤달 드는 해 수의를 해두면
나무 나이테 주름 생기듯
오래 산다고 한다

곤히 주무시는 노모의 주름살을 가만히 만진다

악찰보살같이 한평생 새겨두신 실금들이
주머니 없는 수의 자락 같다

관절

어머니 드리려고
소뼈를 우리는데

뚝뚝 관절 부러지는 소리가 어머니 귀에 거슬리는 모양이다

북망산 가실 날 머지않았는지
누워서 가만히 당신의 관절을 만져보신다

수의에는 호주머니가 없다

　어머니 아끼시는 자개장 속
　옷들이 바깥채비를 서두른다
　무릎 해진 일복바지, 호주머니 없는 모시적삼, 삼베적삼들
　수미산 단풍으로 앉았다
　호주머니조차 없는 옷을 볕에 말려보니 속속들이
　깊은 줄 예전엔 몰랐네
　근심거리가 호주머니 속에서 걸어 나온다

　은하수 흐르는 여름 평상, 모깃불 피워놓고 옥수수 알갱이
　씹던 순덕 누나, 이불에 오줌 싼 이야기가 터져 나오고,
　뜨거운 눈물이 올 터진 실밥같이 풀어지고, 설움이 울컥
　유성으로 쏟아진다
　벌레 먹은 감처럼 피멍 든 날계란 깨지는 소리도
　고시랑 거린다

　기억이 슬픈 추억을 부른다

무언가를 갖는다는 것은 무언가에 얽매이기 마련인 것을

가시 돋은 혀 천장 같은 요양병원 888호실
주머니 하나 없는 옷을 입고도 어머니 박꽃 미소 지으신다

검버섯

간밤에도
세상 시름 얹어놓고
그믐달 어머니 얼굴에
꽃송이 피었네

어우렁더우렁 옥이야 금이야
자식들 길러낸 한평생
꿈이련가

오솔길 젊은 날 꿈같은 시절
보름달 같던 얼굴
세월에 간직한 채
야속토록 서럽게 또 피었네

엄마의 방

반짇고리에

오색실 가지런히 놓여 있다

무릎 해진 개구쟁이 아들 바지

호호 불며 상처 기워주시던

터진 아버지 와이셔츠 단추

푸념 다독이듯 곱게 꿰매주시던

출가 보낼 누이 혼수 준비로

호롱불 밤새 밝혀

시름 같은 골무 닳고 닳던

동동 크림 풀꽃 향 그윽하던 방

어머니 들으세요

귀 어두워 아들 목소리도 겨우 들으시고
아들 얼굴도 손으로 어루만져야만 알아보고는
손 따뜻하게 잡아주시는

왕머루 새카맣게 영글면
그중 제일 실한 열매만 따서 주시고
언덕 좁쌀 꽃처럼 환하게
맞아주시던

혹여나,
하늘나라 가시더라도

봄 오면, 흰 목련 되어
저를 봄 햇살로 쳐다봐 주시고

여름 오면, 양지바른 곳 노루귀꽃 되어
저와 도란도란 이야기도 나누시고

가을 오면, 숲속 금강초롱꽃 되어

제 힘들어할 제 종소리 은은하게 울려주시고,

겨울 오면, 흰 눈으로 내려 집 뒤란 감나무 마른 가지에
소복이 앉아 눈 다 녹을 때까지 저를 쳐다봐 주세요

어머니

혹등고래가 누워 있다
섣달 매운 발톱이 남아 있는 황소바람이
뱀 똬리 틀듯 병실 창을 감는다

먼 옛날, 눈솔꽃 핀 겨울산은 바다였다지

혹등고래가 뭍에서 바다로 걸어 들어갔듯이
국제시장 브로우치 난전에서
영구차 속 같은 요양병원 808호로 거처를 옮긴 혹등고래

파도가 때리는 대로
바위에 붙어 있는 따개비마냥
덕지덕지 검버섯 핀 얼굴로
분기 같은 가쁜 숨 몰아쉬는 혹등고래
포말 되는 새끼의 눈물 너머
바다와 뭍의 경계를 잊은 듯
가물가물 거처를 옮기는 중일까

아! 혹등고래

벚꽃, 당신

낙동강 제방을 걷고 있는데 벚나무 한 그루를 만났다
젊은 날의 어머니 초상 같은 벚꽃이 울창하였다
늦게 봉오리 터진 여린 꽃들을 어머니가 돌보고 있었다

꽃샘바람이 불면 온몸으로 감싸주고,
열이 나면 따뜻한 손으로 이마도 짚어준다
바람 불어오니 꽃비로 떨어진다

어머니가 울고 있었다
서러운 눈물이었다
하늘하늘 한숨 쉬면서 떨어뜨리는 눈물을 닦아드릴 수가 없었다
안아드릴 수 없었다

돌아보니
어머니가 내 뒤를 힘들게 따라오고 있었다
꽃비가 다 떨구고
앙상한 가지만 듬성듬성했다

가장 아픈 손가락

둘째 아들이 손 잡아드리니
셋째 왔느냐 하신다

비록 갓난아이가 되신 아흔의 어머니지만
당신의 가장 아픈 자식은 절대 잊지 못하시는

가을, 어머니

쪽빛 하늘을 툭 털어보니
가을의 푸릇한 꼭지가 부풀어 오른다

얼마나 호혜로운 모습인가
가시마저 품은 저 밤송이

이제
그리 서글프지도
그리 아플 것도 없는 만추의 나이지만

평생토록 독가시 같았던 자식 품어주신 어머니를 생각하니
툭, 가을이 진다

2부

장터 털보아저씨

하모니카 소리가
장 바람 몰고 오는

오일장 터
북덕북덕 사람들 사이
온몸으로 손수레 밀고 오는

동전 몇 닢 지폐 몇 장에도
해바라기 같은 식구들 얼굴 떠올라
싱글벙글 미끄러지듯 집으로 돌아가는

여린 살 잘린 나무토막 틈새
오체투지 애벌레처럼 꿈틀꿈틀 세상을 밀고 가는

비석마을

길 잃은 혼령들도
외롭지 않다

아미동에서는

죽은 자의 비석이
집 디딤돌이 되고
옹벽이 되고
주춧돌이 되어
산 자의 삶을 튼실하게
받치고 있다

따뜻한 뫼 한 그릇, 온기 있는 국 한 그릇
내어주는 아미동 사람들은
미명을 버리고 사랑을 새기며 살아간다

독거노인

깡통 촌 석이 할매
동네 재래시장 비탈길을 오른다
달팽이집 같은 곱추 등, 힘겨운 여생 짊어지고
검정 봉다리 들고 바람 빠진 공처럼 굴러간다
주린 배 움켜쥐고 무단횡단 아슬아슬하다

비닐봉지에 담는 은행알, 고린내가
할머니 굽은 등을 지켜준 걸까
사람들도 차들도 저만치 비껴간다

그 언제 새 깃털처럼 하늘로 날아갈 듯
가을하늘은 높아만 가고
저승사자도 피해 가는 길이 위태위태하다

양산댁

덕포역 2번 출구 희망시장 늘푸른약국 앞
사철 신신파스 향내 나는 양산댁,
길바닥 좌판에
도라지, 미나리, 홍시, 시레기 소복이 널어놓는다
모래 날리는 황소바람, 골다공증 뼛속을
제집처럼 드나든다
건너 편 청과물 도매상 앞 번들거리는
메론, 자몽, 앵두, 파인애플 사이 행인들 발목만 보일 뿐,
발길에 채인 바구니 마디 굵은 손가락으로 주섬주섬 담으면서
염화미소 짓는 이빨 빠진 양산댁

왁자지껄 시장통 골목이 활짝 펴진다

할머니와 붕어빵

덕포 희망은행 건너 버스정류장 앞에서
할머니가 살찐 붕어를 키운다

갓 돌 지난 아기처럼 똘망똘망 눈 뜬 붕어들
발그스름 익은 입술 방긋거린다
할머닌 연신 붕어를 살려내지만
바람이 많이 불어서 그런지
손님이 없다

오늘은 붕어들이 할머니보다
근심이 더 깊은 날이다
붕어의 입술들이
시퍼레진다

노숙자

어둠이 직조되는 새벽 서울역 광장
하루도 빠지지 않는 일용직 근로자들
꿈틀대는 성체들마냥 술렁인다
사이비 교인의 푸석한 설교
인부들의 등에 올라탄다

순한 누에들, 암벽 오르는 담쟁이처럼 역사 벽 수놓는데,
누에 하나 바스락거리며 툭 떨어진다
두 손 두 발 꾸물거리는 미화원
바닥 떨어진 누에 부지런히 쓸어 담는다

미풍에도 날려 갈 라면박스 속
모가지 깨진 소주병 안고
태평스레 자는 노숙자
빙벽 같은 여름을 나고 있다

누에가 별을 쳐다보며
하얀 실 대신 푸석푸석한 눈물로 하얀 집 짓고 있는데,

집 귀퉁이 눈물방울같이 떨어져 나간다
시간을 낭비한 죗값 치르는 것인가

낡은 스피커 칙칙거리는 찬송가 소리
선무당 춤사위로 나비처럼 허공을 가르는 노숙자
나비는 향긋한 꽃향기 맡으러
언젠가 가벼운 날갯짓 훨훨 날아갈 테지

맨발바람 오한으로 젖은 노숙자 발등 위
나방 한 마리 가쁜 숨 몰아쉬고 있다

택배기사

계단 오르는
발자국 소리
숨 가쁜 회색 공간을 훑고 가는
무거운 긴박
아파트 복도가 신음을 대신 받아낸다

250개 상자 중 마지막 남은 하나 문 앞에 내려놓고
비대면 주인을 호출하지만 인터폰엔 답이 없다

회벽 사이 돌개바람 같은 우울을 걷어내고
아내와 아이들의 얼굴 떠올리며 되돌아오는
그의 발걸음, 새털만큼 가볍다

오줌싸개

머리에 키를 쓰고
순덕할매 집에 소금 얻으러 갈 적에
설운 눈물 훔치며 하늘 쳐다보니
싸락싸락 눈, 물 내렸네

막걸리 집 순덕할매 소금 대신 대뜸
술지게미 소복소복 담아 주었네

불두덩 하늘이 뱅글뱅글 돌던 밤
고픈 배보다
오줌싸개 부끄럼보다

순덕할매 막걸리 가게에
내일도 소금 얻으러 또 가고 싶었네

반지하

마감일 편집국장 찌푸린 미간 같은
천호동 반지하 단칸방
늦은 귀가 시간
졸고 있는 가로등 불빛마냥
아내의 눈꺼풀에 반지하 깊이보다 긴 불면의 밤이 내려앉는다
담배 연기 찌든 호주머니 속
활자체처럼 늘어진 푸념이
반지하 방바닥 무겁게 털썩 앉는다
공사장 다친 내 허리처럼
한 귀퉁이 잘려 나간 전신주 전단지가
몸살을 앓고 있다
코 흘리게 아들 업은 아내가 반 지하처럼 처진 나를 보듯
빛바랜 전단지를 물끄러미 쳐다본다

서로 아픈 연쇄적 감각을
샴쌍둥이처럼 느끼는 건지

〈
매일 밤, 지상의 도둑고양이 같은 눈초리 대신
친정 간 아내와 돌배기 아들 얼굴이
창틈 사이로 아슴하게 비치는데
반 지하방 혼자 앉은 아침 밥상 해장 술잔에
새 직장 합격통지서가 덜컥 비친다
이사 가는 날, 벽지에 핀 검은 꽃도
이별이 아쉬운 듯 고개 숙인다

발걸음 가벼운 출근길
미리내 마을이 우뚝한데
그 밤, 낯익은 발자국 소리의 두 얼굴
발그스레 상기된 채
산새 소리 같은 아파트 벨을 울린다

빛바랜 책

가로수 설운 저문 가을
구포역 광장
낡고 두꺼운 책 한 권 떨어져 있다

얼른 주워
역전 옛날식 다방에 앉아
풀풀 날리는 먼지 닦으며 정독했다

강물 불어 집과 나무들 쓸려간 이야기며
잎 지듯 아스라한 첫사랑 이야기
싸락눈 같은 눈물 훔치며 읽을 때
해진 책장 군데군데 누런 단풍잎 떨어져 있었다

역 광장 행인들 어깨에 어둠이 수북 내려앉는데
책 주인이 책 달래며
버스 타고 종점까지 간다고 했다

낙엽만 남기고 떠나는 가을 매단 채 출발하는 버스
뒤 꼭지

한참 쳐다보고 돌아가는 길
오늘, 첫눈이 온다는 小雪이구나!

손돌바람 유난히 나부끼고
놋그릇 퍼런 녹처럼 옛사랑의 기억은 가물가물한데

골목길

각설이 타령 품바 팔도 엿장수
골목길 들어서면
집집마다 풍속이 몽땅 털린다
근엄한 할아버지 긴 담뱃대,
새벽잠 없는 할머니 둥근달 쳐다보며
볼일 보시던 놋요강까지

구수한 냄새 풍기는 뻥튀기장수
골목길 들어서면
어머니 가슴속 고인 울화증 터지듯
동네아이들 품고 있는 꿈,
뻥 소리와 함께 봇물 터져 나오고

낙동강 퍼 올린 짭조름한 재첩장수
골목길 들어서면
간밤 주독 오른
아버지 쓰린 위장 깨우고

사통팔달 방물장수

골목길 들어서면
이루지 못한 첫사랑 밤새 울던
누이의 애달픈 가슴 달래주고

언제 들어도
정감 있는 장사꾼 낯익은 목소리
둥글둥글 풍기는 인정이 쌓여 있는 담벼락
골목길 들어서면
가슴이 연탄불처럼 따뜻해졌다

동서문 쪽방 208호 김 씨

　남아 있던 야성이 돋는 밤
　음습한 뒷골목 비릿한 울음 삼키며
　생선 대가리 물어뜯는 길냥이들

　털 빠진 페르시안 냥이의 굽은 포효가 이 구역의 그림이 된 지 오래,
　가려가며 씹었던 기억, 빌딩 속 검은 구두코 번쩍였던 한때는 어디 갔는지
　김 씨는 사회복지사가 두고 간 도시락을 열었다 닫는다

　길냥이의 새초롬한 꼬리마냥 겨울밤은 길기만 하고
　식은 국보다 아득한 생존의 기억이 서러워
　쿨럭, 밤을 쉬어 넘기지 못한다

3부

경마장에서

휴일이 번지르르하다
손에 쥔 마권이 말보다 먼저 날뛴다

세상에서 젤 나쁜 죄는
인생의 시간을 낭비하는 거라는데

널브러진 마권마냥
된통 앓고 있는 세상, 달빛만 관중석을 내달리고 있었다

모래시계

사르륵 사르륵!

시간을 내리고 있다

묵언 수행자처럼
차가운 뱀처럼
한 치의 오차도 없이

고독을 말없이 삭이면서

짝사랑

밤하늘
조각달 처연히 내려앉은 三更,
반쯤 열려 있는
사립문 한 짝 같은

두더지

탄광촌 아이들이 그린 아버지 얼굴은 새하얗다

"고놈 참 잘 생겼다 얼굴이 백설기 같노"
잠든 아들 얼굴 새카만 손으로 비비며 새벽 출근하는 이씨
절로 나오는 휘파람소리가 찬 골목을 밝힌다

탄가루가 곡기인 광부들
뽀얀 아들 얼굴 떠올리며 갱도 속 탄이 노다지인 양
창자 같은 갱도 속 오아시스 찾듯 파 들어간다

학교 파한 철수가 먹이 주러 두더지 구멍을 찾았다
"두더지야 두더지야 빨리 나와 빨리 나와"
키우던 두더지가 보이지 않았다

그날 이후 아버지도 보이지 않았다

"누가 머라케도 탄광이 내 밥줄이여"
폐석탑 너머 노을 같던 아버지의 말씀, 붉다

초승달

활처럼 등 굽은 저 홀아비
밤마다 누굴 짝사랑하느라
맨날 새우잠만 자는지

몸도 마음도 둥글지 못해
코끝 찡하도록 휘어진 변곡점에서
둥근 시간을 저토록 애달피 꿈꾸고 있는지

우포늪

새벽 물안개 눈 비비는 우포늪,
태동을 본다
산 자가 죽은 자 위해 흙밥을 떼며
다소곳이 고개 숙인
해 자정^{自淨}하듯 염을 마친 아침
까치물뱀이 무당개구리를, 남생이가 장구애비를
덥석 문다

오방색 긴 수면, 염하는 수초들
개구리밥, 꽃창포, 자라풀
푸른 수의를 벗는다
노랑부리저어새, 따오기, 왜가리
울음소리 절창^{絶唱}이다

늪 가르는 나룻배
그물을 뚫고 나오는 물고기 떼
자목련 이우는 밤 아내의 얼굴이 떠올라 어부는
곡하듯 물새 떼 부르고

〈
낙화, 그리움의 노래인가
삶, 죽은 자에게 빚진 목숨
공동체를 위한 마지막 노동
강자와 약자가 맞물리는
우포늪

줄장미

달빛 이우는 밤

가지가지 붉은 울음 주렁주렁

숨 막, 뜨락

무도장舞蹈場이

덜썩덜썩

봄비, 달콤한

비가 내린다
매실주 같은
봄, 내음 같은

우산끼리 부딪쳐도 살짝
눈웃음 건넨다
비를 아주 맛있게 맞고 가는
연인들

오늘 같은 날은 나도
옛사랑의 안부 묻고 싶다
떠난 님 일지라도 그 옛날 그 음악다방에 마주 앉아
눈물처럼 진한 커피 마시고 싶다

벚꽃

나비 떼가 무수히 앉아 있길래
흔들어주니

그리운 이름들이 난분분 떨어지더라

빗자루

군자^{君子}가 있다
날마다 제일 먼저 일어나
간밤에 뱉어낸 번뇌를 말끔히 쓸어낸다

그는 쉴 때도
웬만해선 눕지 않는다

낮은 자세는
꼿꼿한 마음이 먼저라는 걸
아는 그는

오월은

여명이 오기 전
새벽이슬 머금고
창공을 가르는 동박새의
푸르른 눈빛

4부

거미

지상의 중심에 서기 위한 길이 덫이었다
거미가 먹이 포박을 위해
자충수를 두는 새벽

산 자가 산 자를 잡아먹는 생존법칙
교미를 끝낸 암거미가
수거미를 마저 짓이긴다

지아비의 신음을 삼킨
암거미의 회심回心
그것은 지상에서 가장 아름다운 화두, 사랑이다

자벌레

산을 품고
노을을 품고
우주를 품고
꿈을 품고
펴고 오므리고 펴고 오므리고

딱
제 키만큼 움직이는

도자기

도공은 옹기를 굽기 전
늘
맑은 하늘부터 올려다본다

개미

쉼 없는 긴 행렬이다
성지 순례자들처럼

염천 아래서도 낙오자 하나 없이
평형선 긋듯 묵묵하게

자갈밭이든 나무토막이든 아랑곳하지 않고
앞만 보고 간다

지네

깊은 산중 암자일수록
지네가 많이 살았다

스님 독경소리 따라
절간 안으로 들어오려고 했다

부처님께 정성을 다해
백일기도 올리면

사람으로는 절대 윤회 되지 않을 거라는
귀동냥으로 듣고서

겨울강

강의 귀가 쫑긋댄다

고니 한 쌍

서로의 눈빛으로 주고받는 울음소리에

얼었던 강의 귀가 화답하는지

찌지직찍 살얼음이 깨지고

쨍그랑 햇살이 물비늘을 털어낸다

산수유

갓난아기 손가락인 듯

우레 같은 시름 떨치고

산수유 피자

삼월 주름살 말끔히 펴진다

목련

별 지고
달 지고
해 따라서 진다

저 여린 눈물마저 떨구고 나니
우주의 숨이 멎는다

3월의 화엄사

연분홍 한복 곱게 차려 입은
여인, 해마다 화엄사를 꼭 껴안아주니

스님 얼굴
홍매처럼 붉어지네

봄밤, 애상愛想

잡힐 듯 잡히지 않던 님의 눈짓 같은

꺼질 듯 간신히 켜진 이른 봄 꽃불 같은

그리움이 능금처럼 익을 때

이별의 예감마저 비추지 않고 떠나간

심연을 파고든

아쉽고도 날카로운 이빨 자국 같았던

■□ 해설

서정적 경험의 최대화
―이영식 시집 『꽃, 응가』에 덧붙여

이 령(시인)

  본질적으로 시간은 동질성과 연속성을 지닌다. 매 시간 매일 매해가 반복된다. 그런데 일생동안 연속적 무량의 시간을 마냥 견딘다는 것은 인간에게 너무 가혹하다. 따라서 인간은 시간과 기간의 물리적 단위를 정해서 생활의 매듭을 짓고 새로운 순간을 스스로 창조하기 시작했을 것이다. 봄, 여름, 가을, 겨울, 자연력뿐만 아니라 유년기, 청년기, 장년기, 노년기로 구분되는 성장의 매듭도 있고 입학과 졸업, 결혼과 출산, 사랑과 이별과 같은 생활의 매듭도 있다. 이런 매듭들로 인해 사람들은 이미 지나간 순간과 곧 다가올 순간의 긍정적이고 능동적인 생의 변환점을 구축하게 된다.

이영식 시인의 첫 시집 『꽃, 응가』는 질풍노도의 청년기와 생활인으로서 질곡의 장년기를 보내고 이제는 초로가 된 시인이 독창적인 자아의 서사화(narratives of self)를 선보이며 결 고운 서정으로 자신이 걸어온 생을 관조하고 반성하는 생의 마뜩한 매듭을 창조했다.

시의 내용은 시인 자신을 둘러싼 사회적 관계성에서부터 세상을 향한 애정 어린 시선과 사물에 대한 정감에 이르기까지 섬세한 페이소스의 정제된 매듭으로 구성되어 있다.

예술 활동은 모방 혹은 재현이라는 미메시스(mimesis)에서 비롯된다. 대개 시인이라면 문학예술이 세계와 무관한 것인가, 아니면 세계의 모방인가, 혹은 세계의 부정성을 닮아감으로써 오히려 세계 자체의 변화를 모색하는가, 소속된 집단성을 답습하며 안정을 추구할 것인가, 아니면 타인의 고통과 연대할 것인가, 라는 고민을 하게 된다.

그러한 이유로 시인은 어쩌면 사물과 사람의 생육멸(生育滅)의 처음과 끝을 보는 가난의 최상위 특권층인 동시에 그것을 언어라는 기호로 연결해 생의 진실을 찾아가는 난이도가 꽤나 높지만 품삯은 형편없는 창조적 허무주의 자일지도 모른다. 질곡의 인생(이영식 시인의 시들의 면면 드러나는) 길을 걸어 온 그는 왜 구태여 시라는 형식을 빌어서 지난한 생의 허무를 극복하고자 했을까,

 이영식 시인의 시는 시적 질료를 능숙하게 선택하여 억지 부리지 않고 담백하게 표현함으로써 인생에 대한 모방과 재현의 의미를 자연스럽게 독자의 몫으로 남겨두고 있다.

 긍정적 닮아감의 관계가 점차 상실되어가는 냉혹한 사회를 향한 마치 파릉(巴陵)화상의 취모검 같은 예리하지만 과하지 않는 전언의 매듭이다. 그의 시가 재독의 힘을 얻는 이유다.

 시인이 부려놓고 있는 생의 서정적 매듭은 크게 세 가지로 나뉜다. 첫째는 자신이 살아오면서 맺은 가장 소중한 인연, 어머니를 향한 사모곡이다. 둘째는 동시대를 살아가는 사람들, 특히 소외계층을 향한 연민가다. 셋째는 자신의 생활근거지를 둘러싼 환경, 사물에 대한 관조다.

 시집 1부를 관통하는 주제는 어머니에 대한 사랑이다. 시인이 표현하는 기호로서의 시어들은 그 기호를 방출하는 대상인 어머니보다 더러 심오하지만 궁극적으로 어머니라는 대상은 누구나 언어로는 다 표현할 수 없는 최상의 심오함을 내포한 존재다. 따라서 시인은 가급적 정제된 서

사전개와 묘사만으로 감동을 끌어낸다.

> 음력 시월
> 어머니가 가마솥에 해콩을 삶는다
> 처마 밑 새끼줄에 매달린
> 메주덩어리 탐스럽다
> 방구석 메주 한 덩이 떨어져 있다
> 콩 한 알도 아까웠던 어머니 얼른 주워 드신다
> '아뿔사, 내 새끼 응가구나'
> 메주 향 자욱한 입에서 그 구린내
> 건넛마을까지 퍼졌다
>
> 꽃, 응가를 먹었으니
> 일 년 농사 풍년이다
>
> -「꽃, 응가」 전문

 이 시집의 표제작인 「꽃, 응가」는 바닥에 떨어진 메주덩어리가 아까워 얼른 주워 드신 어머니, 실은 그 메주 덩어리가 갓난 아들의 똥이라는 비본질적 낯설게 하기의 서사를 기술했다. 어머니에게 있어 아들의 똥은 전혀 더럽지 않고 꽃이란다. 메주가 잘 뜨는 해엔 풍년이 든다는 속설이 시적 모티브가 된 이 작품에서 시인은 있는 그대로의 이야기를 비틀거나 낯설지 않게 묘사함으로써 독자로 하여금 자연스럽게 어린 시절의 추억으로 소환되게 이끌고 어머니의 사랑을 뭉근하게 전달하고 있다.

    "세월은 눈에 넣어도 싫지 않더라, 꽃 피고 지듯
  금방 이더라"며
    미소 지으시던

    찰나의 그 세월화歲月花

  – 「기억의 강」 부분

  젊은 날 꽃 같던 어머니는 이제 온갖 풍상과 견딤과 인내의 상징인 세월화로 남으셨다. 이 작품은 생의 순환적 의미를 담고 있다. 누구나 기억은 추억이 되고 추억은 그리움으로 남는다. 모든 존재에게는 봄꽃 같은 젊은 날이 있었음을 시인은 「기억의 강」에서 기계적 언어를 상회하는 사유를 슬쩍 가미하며 감동적 여운을 던지고 있다.

    혹등고래가 누워 있다
    섣달 매운 발톱이 남아 있는 황소바람이

뱀 똬리 틀 듯 병실 창을 감는다

먼 옛날, 눈솔꽃 핀 겨울산은 바다였다지

혹등고래가 뭍에서 바다로 걸어 들어갔듯이
국제시장 브로우치 난전에서
영구차 속 같은 요양병원 808호로 거처를 옮긴
혹등고래

- 「어머니」 부분

아마도 시인의 어머니가 요양병원에 계시는 모양이다. 국제시장 브로우치 난전으로 열 자식 억척으로 키워내셨던 아흔 노환의 어머니는 요양병원에 누워 분기 같은 거친 호흡을 내쉬며 고래가 뭍에서 시원의 생명수 바다로 걸어 들어갔듯 북망산 가실 날만을 기다리는 모양이다.

윤달 드는 해 수의를 해두면
나무 나이테 주름 생기듯
오래 산다고 한다

곤히 주무시는 노모의 주름살을 가만히 만진다

악착보살같이 한평생 새겨두신 실금들이
　　　주머니 없는 수의 자락 같다

　　　 -「수의」전문

　수의에는 호주머니가 없다고 한다. 빈손으로 와서 빈손으로 가는 사람의 일생을 표현한 작품이다. 악착보살 같았던 어머니도 예외는 아니기에 시인의 절절한 안타까움이 그대로 전이되는 짧지만 할 말 다한 마디진 작품이다.

　다음 작품,「어머니 들으세요」에서 어머니를 향한 시인의 안타까운 마음은 절정에 이른다. 어머니의 병상 머리맡에 앉아 어머니를 향해 시인이 나직이 속삭이는 사모가다. 머지않아 북망산 가실 어머니의 머리맡에서 시인은 울지 않고도 울고 있다.

　　　혹여나,
　　　하늘나라 가시더라도

　　　봄 오면, 흰 목련 되어
　　　저를 봄 햇살로 쳐다봐 주시고

> 여름 오면, 양지바른 곳 노루귀꽃 되어
> 저와 도란도란 이야기도 나누시고
>
> 가을 오면, 숲속 금강초롱꽃 되어
> 제 힘들어할 제 종소리 은은하게 울려주시고
>
> 겨울 오면, 흰 눈으로 내려 집 뒤란 감나무 마른 가지에
> 소복이 앉아 눈 다 녹을 때까지 저를 쳐다봐 주세요
>
> ─「어머니 들으세요」부분

시집 2부에서는 동시대를 살아가는 사람들, 특히 소외 계층을 향한 시인의 연민을 표현하고 있다. 물질적 토대의 결여가 정신적인 가치의 존재마저 거부하는 현대 자본주의 사회의 냉혹하고 비인간적인 문화와 인간소외 문제를 자신만의 어법으로 형상화 하고 있다. 그러나 그의 시들은 유토피아적 환상에 빠지지 않고 절대적인 비애가 아닌 상대적 비애를 담백하고 진솔한 서사를 빌어 표현하고 그 삶의 모습에서 작은 희망을 노래할 줄 아는 감성적 곡비(哭婢)로서의 소임을 다하고 있다.

덕포역 2번 출구 희망시장 늘푸른약국 앞

사철 신신파스 향내 나는 양산댁,

길바닥 좌판에

도라지, 미나리, 홍시, 시래기 소복이 널어놓는다

모래 날리는 황소바람, 골다공증 뼛속을

제집처럼 드나든다

건너 편 청과물 도매상 앞 번들거리는

메론, 자몽, 앵두, 파인애플 사이 행인들 발목만 보일 뿐,

발길에 채인 바구니 마디 굵은 손가락으로 주섬주섬 담으면서

염화미소 짓는 이빨 빠진 양산댁

왁자지껄 시장통 골목이 활짝 펴진다

- 「양산댁」 전문

   골다공증을 앓고 있는 시장 좌판 과일장수 양산댁의 시선은 길 건너편 청과물 도매상을 드나드는 행인들의 발목에 닿아있다. 자신의 좌판에 어쩌다 든 손님의 발길에 채여 흩어진 과일을 바구니에 주섬주섬 담으면서도 이빨 빠진 그녀는 염화미소를 짓고 그 순수함에 연민을 담아

시인은 "왁자지껄 시장통 골목이 활짝 펴진다"라고 마무리한다.

  이 작품에서 시인이 독자에게 전하고자한 노림수는 초라한 시장 좌판과 길 건너편에 자리 잡은 번듯한 청과물 도매상의 극명한 대비를 제시하고 별다른 수식 없이 장면 묘사로 보여줌으로써 사회계층간의 어떤 격차와 비애를 표현한 것이겠다. 그러나 서민의 표상인 양산댁은 스스로 좌절하지 않는다. 실수로 행인이 걷어찬 과일을 웃으면서 거두는 여유. 아마도 시인은 현실의 냉혹함을 담담하게 감내하며 살아가는 서민들의 모습을 따뜻하게 위무하고 싶었던 것이리라.
  다음 작품에서도 시인의 이러한 심리는 잘 드러난다.

      계단 오르는
      발자국 소리
      숨 가쁜 회색 공간을 훑고 가는
      무거운 긴박
      아파트 복도가 신음을 대신 받아낸다

      250개 상자 중 마지막 남은 하나 문 앞에 내려놓고
      비대면 주인을 호출하지만 인터폰엔 답이 없다

회벽 사이 돌개바람 같은 우울을 걷어내고
아내와 아이들의 얼굴 떠올리며 되돌아오는
그의 발걸음, 새털만큼 가볍다

― 「택배기사」 전문

얼굴을 떠올리면 힘이 되어주는 가족이 있기에 택배기사의 발걸음은 새털만큼 가볍다. 비대면의 각박한 현대사회의 관계성, 그 속에서 과중한 업무로 인해 시름하는 서민의 신음을 아파트 복도가 대신 받아내고 있다. 이렇듯 시인의 시는 서늘한 것을 따뜻하게 아우르는 힘을 가지고 있다. 표현은 담백하지만 사람과 현상을 표현하는 사유는 깊고 따뜻하다. 그의 시가 가진 힘이다.

길 잃은 혼령들도
외롭지 않다

아미동에서는

죽은 자의 비석이
집 디딤돌이 되고

옹벽이 되고
　　　주춧돌이 되어
　　　산 자의 삶을 튼실하게
　　　받치고 있다

　　　따뜻한 뫼 한 그릇, 온기 있는 국 한 그릇
　　　내어주는 아미동 사람들은
　　　미명을 버리고 사랑을 새기며 살아간다

　　　　- 「비석마을」 전문

　사람과의 관계성뿐만 아니라 시인의 시선은 어떤 현상, 환경에 대해서도 그가 가진 사유의 큰 진폭을 보여준다. 「비석마을」에서는 죽음과 삶이 다른 것이 아니라 공존한다는, 즉 '서로 여의지 않으면서도 서로 섞이지도 않는다'는 원효선사의 이문일심 혹은 일심이문의 설법에 닿아있다. 마음에 비치는 세상사의 경계 일체를 가장 단순화하면 그 본성이 따로 독립적으로 존재하는 것이 아니어서 이분법적 경계의 두 문이 다른 문이 아니라는 것이다.

　더러는 우리가 가시적으로 볼 수 있는 현상의 세계는 물질과 공간에 국한되기에 우주를 홀로그램정도로 진단

하기도 한다. 삶과 죽음의 경계, 죽음 이후의 세계에 대한 유무와 같은 형이상학적 논쟁은 인류가 존재한 이래 많은 철학자와 과학자들, 그리고 예술가들 특히 문학 작품에 의해 논쟁이 지속되었으나 정확하게 승리한 논리는 없다. 그러나 딱히 해결할 수 없지만 회피, 포기할 수 없는 부분인 것만은 확실하다. 분명한 것은 시인은 그의 작품 「비석마을」을 통해 호명한 아미동 사람들은 철학자도 과학자도 아닌 평범한 소시민들이지만 삶과 죽음이 공존하는 곳에서 미명을 버리고 사랑을 새기며 살아가는 진정 사람다운 사람들로 제시하고 있다는 것이다. 그만큼 이영식 시인의 시는 이론 이전의 어떤 선험적 이상세계를 노래하는 희망가가 아닐까 싶다.

　　　　덕포 희망은행 건너 버스정류장 앞에서
　　　　할머니가 살찐 붕어를 키운다

　　　　갓 돌 지난 아기처럼 똘망똘망 눈 뜬 붕어들
　　　　발그스름 익은 입술 방긋거린다
　　　　할머닌 연신 붕어를 살려내지만
　　　　바람이 많이 불어서 그런지
　　　　손님이 없다

오늘은 붕어들이 할머니보다
근심이 더 깊은 날이다
붕어의 입술들이
시퍼레진다

－「할머니와 붕어빵」 전문

「할머니와 붕어빵」에서 할머니는 붕어빵을 굽는 것이 아니라 붕어를 키우고 살려낸다. 하여 발그스름한 입술의 방긋 미소로 화답하는 붕어는 손님이 없는 날 할머니의 근심까지 읽어내고 입술이 시퍼레진다. 시적장치로서 물질을 생물로 변환해서 표현한 것은 그만큼 생명에 대한 시인의 시선이 따뜻하다는 반증일 것이다. 이 시는 마치 경험적 사실과 상상력에 동등한 타당성을 부여한 토레스 나아로의 희극의 한 장면 같은 생경한 상상의 장을 독자에게 선사하고 있다.

시집의 3부, 4부에서는 시인이 자신의 생활근거지를 둘러싼 환경, 사물과의 조우를 통해 느끼고 관조한 심상들을 군더더기 없이 담백하게 표현한 작품들이 주를 이루고 있다. 시적 발상에서부터 시상의 전개로 나아가는 경로에 있어 시인들은 대게 객관적 대상을 다른 객관적 사물로 환치하든지 객관적 대상을 관념적으로 해석하든지 혹은 주관적 대상을 객관적 사물로 표상하거나 주관적 대상을 관념적으로 해석하는 경우를 취하는데 이영식 시인의 시는 주로 객관적 대상을 관념적으로 해석하는 양태를 취하고 있다. 아마도 가급적이면 사물을 왜곡하지 않고 담백하게 보는 정직하고 선한 시인의 품성과 무관하지 않을 것이다. 그가 시를 형상화하는 양태는 직접적인 메시지 전달 기능을 가급적 자제하고 사물과 현상을 있는 그대로 묘사하는데 집중한다. 이것은 시인이 시적상황을 전달하는 전달자임을 인식하고 시에 내재된 감동은 독자의 몫으로 남겨두고자 하는 시인의 의지의 발로가 아닐까 싶다. 따라서 난해하지 않고 담백한 그의 시는 생활화의 한 장면을 오래 두고 보게 하는 힘이 있다.

    별 지고
    달 지고
    해 따라서 진다

    저 여린 눈물마저 떨구고 나니
    우주의 숨이 멎는다

    – 「목련」 전문

나비 떼가 무수히 앉아 있길래

　　　흔들어 주니

　　　그리운 이름들이 난 분분 떨어지더라

　　　-「벚꽃」 전문

　한 편의 수묵화 같은 여백이 시인이 구사하는 사물시의 시적 특징으로 보인다. 이런 시의 특성상 시적 대상 즉 발상을 촉발시키는 사유 대상은 구체적이어야 한다. 보편적이고 막연하고 추상적인 대상은 주관의 객관화에 실패할 가능성이 높다.「목련」과「벚꽃」은 그 시적 대상이 구체적이고 군더더기가 없는 매우 짧은 시들이다. 사실 글이나 말은 아낄수록 여백은 더 넓어진다. 다만 완결성의 측면에서 함량미달이 발생할 가능성이 많은데 이영식 시인의 시들은 그러한 우려를 걷어냈다. 두 작품 공히 전연에는 사물의 모습을 그대로 묘사하고 후연에서는 대상에서 연상한 시인 자신의 감정을 슬쩍 대입하고 있다. 목련의 낙화를 눈물로, 개화된 벚꽃 잎을 나비로 환치하고 그 개화의 순간을 우주의 숨이 멎는, 그리운 이름을 불러내는 진술의 객관적 상관물로 이끌면서 단시가 가지는 단조로움을 극복하고 오히려 긴 감성의 여운을 독자에게 전하고 있다.

> 깊은 산중 암자일수록
> 지네가 많이 살았다
>
> 스님 독경소리 따라
> 절간 안으로 들어오려고 했다
>
> 부처님께 정성을 다해
> 백일기도 올리면
>
> 사람으로는 절대 윤회 되지 않을 거라는
> 귀동냥으로 듣고서
>
> -「지네」 전문

  시적 이미지는 객관적 현상이나 실제의 사실이 아니라 시인의 상상력에 의해서 탄생하는데 그의 시「지네」에서 객관적 상관물로서 지네는 시인의 상상력에 의해 새로운 의미의 주관적 상관물로서의 지네로 재탄생된다. 시를 형상화함에 있어 사실묘사에만 너무 의존할 경우 화자만의 감동으로 그쳐 자칫 지겹기도 하려니와 독자의 공감을 이끌어 내기 힘들기 마련인데 이 작품의 경우 지네가 절간으로 모여드는 이유가 "사람으로는 절대 윤회 되지 않을 거라는/ 귀동냥 듣고서"라는 관념적이지 않는 어떤 새로운 메시지를 전하면서 시가 설명으로 떨어지지 않고 시의 전환 내지는 시적 환기를 불러내기에 성공했다.

> 지상의 중심에 서기 위한 길이 덫이었다
> 거미가 먹이 포박을 위해
> 자충수를 두는 새벽
>
> 산 자가 산 자를 잡아먹는 생존법칙
> 교미를 끝낸 암거미가
> 수거미를 마저 짓이긴다
>
> 지아비의 신음을 삼킨
> 암거미의 회심(回心)
> 그것은 지상에서 가장 아름다운 화두, 사랑이다
>
> -「거미」 전문

무거운 메시지를 담고 있다. 교미를 끝낸 암거미가 영양

보충을 위해 수거미를 먹는 거미의 생존법칙을 약육강식의 사람살이와 연관비유로 이끌어낸 시다. 이 작품에서도 마찬가지로 시인의 인식은 새롭다. 산자가 산자를 잡아먹는 강자가 살아남는 생존의 잔인성을 시인은 "지상에서 가장 아름다운 화두, 사랑이다"라고 결론짓고 있다. 강자의 생존은 약자의 희생과 봉사가 있기에 가능하다는 메시지를 전하고 있다. 이 시에서 추상과 구상을 적절히 배분함으로써 시인이 전달하고자 하는 의미가 비약되면서 완결성을 획득하고 있다.

릴케는 「말테의 수기」에서 "젊을 때 시를 쓰는 일만큼 무의미한 일은 없다. 시는 언제까지나 끈질기게 기다리지 않으면 안된다.......(중략) 시는 사람들이 생각하고 있는 감정이 아니다. 시가 만일 감정이라면 젊어서 이미 충분히 가지고 있을 것이다. 시는 바로 경험인 것이다."라고 말했다. 시적 경험은 사소한 일상에서부터 우주적 사유의 세계까지 광범위하나 아마도 릴케가 한 이 말의 의미는 시인이 시작에 임할 때 경험의 핍진성에 대한 우려, 혹은 경계하는 것일 터 사실 인간의 총체적 삶 자체가 시인의 시적 경험의 소재가 되는 것은 분명하다. 문제는 그 직간접의 경험치, 체험의 서정적 표현의 기술은 시인의 역량에 의해 문학성을 담보 받게 된다. 이런 점에서 이영식 시인의 시는 신뢰가 간다.

>머리에 키를 쓰고
>순덕할매 집에 소금 얻으러 갈 적에
>설운 눈물 훔치며 하늘 쳐다보니
>싸락싸락 눈, 물 내렸네
>
>막걸리 집 순덕할매 소금 대신 대뜸
>술지게미 소복소복 담아 주었네
>
>불두덩 하늘이 뱅글뱅글 돌던 밤
>고픈 배보다
>오줌싸개 부끄럼보다
>
>순덕할매 막걸리 가게에
>내일도 소금 얻으러 또 가고 싶었네
>
>-「오줌싸개」 전문

 앞서 언급했듯이 그 시절 사람들이라면 대부분의 상황이었겠으나 시인은 가난한 어린 시절을 보냈고 생활인으로서 질풍노도의 청, 장년기를 거쳐 이제는 암과의 사투도

이겨내고 초로를 맞이한 그야말로 인생의 희로애락을 두루 섭렵한 늦깎이 시인인 만큼 그의 작품 속에 언뜻언뜻 내비치는 시적 질료로서의 개인적 경험들은 굳이 수식이 없어도 한 편 한 편의 시가 된다.

「오줌싸개」에서 어린 시절 시인은 오줌을 싼 벌칙으로 키를 쓰고 막걸리 집에 소금을 얻으러 가는데서 시가 시작된다. 소금대신 술지게미를 얻어 마신 아이는 술에 취하고 주린 배를 채웠다. 그 맛이 얼마나 달고 좋던지 오줌 싼 부끄러움을 감수하고 "내일도 소금 얻으러 또 가고 싶었네"라고 시를 마무리 짓는다. 사실 이 시는 배고픔을 경험한 50-60년대 어린 시절을 보낸 이들이라면 누구나 한 번쯤 겪어 봄직한 보편적인 이야기이고 별다른 수식 없이 사실적 기술만으로도 독자의 감개를 이끌어내고 있다. 애잔한 추억의 소환을 이끌어내는 힘은 바로 시인이 겪은 실재의 경험이었기 때문일 것이다.

       탄광촌 아이들이 그린 아버지 얼굴은 새하얗다

    "고놈 참 잘 생겼다 얼굴이 백설기 같노"
    잠든 아들 얼굴 새카만 손으로 비비며 새벽 출
  근하는 이씨
    절로 나오는 휘파람소리가 찬 골목을 밝힌다

탄가루가 곡기인 광부들
　　뽀얀 아들 얼굴 떠올리며 갱도 속 탄이 노다지인 양
　　창자 같은 갱도 속 오아시스 찾듯 파 들어간다

　　학교 파한 철수가 먹이 주러 두더지 구멍을 찾았다
　　"두더지야 두더지야 빨리 나와 빨리 나와"
　　키우던 두더지가 보이지 않았다

　　그날 이후 아버지도 보이지 않았다

　　"누가 머라케도 탄광이 내 밥줄이여"
　　폐석탑 너머 노을 같던 아버지의 말씀, 붉다

　　－「두더지」 전문

「두더지」에서 사물이 시인에게 들어온 것이 아니라 시인이 대상을 구성하고 있다. 다시 말해서 두더지와 아버지의 생태적 유사성을 빌어 시적형상화와 전하고자 하는 메시지의 유의미를 이끌고 있다. 두더지를 돌보며 시적화자는 갱도붕괴 사고로 숨진 아버지의 귀환을 기도한다. 경험에 있어 직간접의 유무를 떠나 이 작품은 설명하지 않고 사실 그대로를 묘사하면서 "두더지야 두더지야 빨리 나와 빨리 나와"라는 시적화자의 절규에 가까운 주문의 문장으로 인해 독자에게 큰 감동과 연민을 전해준다.

이처럼 이영식 시인의 시는 과한 수식을 최대한 줄이고 경험적 사실을 바탕으로 있는 그대로를 서사화 하고 있지만 더불어 화룡정점의 진술문장을 적절하게 배치해서 주관의 객관성을 획득하고 있다. 그의 시는 비유를 앞세우지 않고 과한 수식어를 배제하며 감춤과 드러냄이 절묘하게 배합된 소박하지만 읽을수록 깊은, 뚝배기같이 맛깔나는 시가 아닐까. 아마도 질곡의 생을 견딤으로 우뚝한 시인을 베낀, 그래서 오래도록 여운이 남는 시집이 되리라 생각한다.